墨子与墨家学派

◎ 主编　金开诚

◎ 编著　陈长文

吉林出版集团
吉林文史出版社

图书在版编目（CIP）数据

墨子与墨家学派 / 金开诚著 . 一长春：吉林文史
出版社，2011.11（2022.1 重印）
（中国文化知识读本）
ISBN 978-7-5472-0930-1

Ⅰ.①墨… Ⅱ.①金… Ⅲ.①墨翟（前 480～前 420）
－人物研究②墨家－研究 Ⅳ.① B224.5

中国版本图书馆 CIP 数据核字（2011）第 226386 号

墨子与墨家学派

MOZI YU MOJIA XUEPAI

主编/ 金开诚 编著/陈长文

项目负责/崔博华 责任编辑/崔博华 刘姝君

责任校对/刘姝君 装帧设计/李岩冰 李宝印

出版发行/吉林文史出版社 吉林出版集团有限责任公司

地址/长春市人民大街4646号 邮编/130021

电话/0431-86037503 传真/0431-86037589

印刷/三河市金兆印刷装订有限公司

版次/2011 年 11 月第 1 版 2022 年 1 月第 4 次印刷

开本/650mm×960mm 1/16

印张/9 字数/30千

书号/ ISBN 978-7-5472-0930-1

定价/34.80元

编委会

前　言

　　文化是一种社会现象，是人类物质文明和精神文明有机融合的产物；同时又是一种历史现象，是社会的历史沉积。当今世界，随着经济全球化进程的加快，人们也越来越重视本民族的文化。我们只有加强对本民族文化的继承和创新，才能更好地弘扬民族精神，增强民族凝聚力。历史经验告诉我们，任何一个民族要想屹立于世界民族之林，必须具有自尊、自信、自强的民族意识。文化是维系一个民族生存和发展的强大动力。一个民族的存在依赖文化，文化的解体就是一个民族的消亡。

　　随着我国综合国力的日益强大，广大民众对重塑民族自尊心和自豪感的愿望日益迫切。作为民族大家庭中的一员，将源远流长、博大精深的中国文化继承并传播给广大群众，特别是青年一代，是我们出版人义不容辞的责任。

　　本套丛书是由吉林文史出版社组织国内知名专家学者编写的一套旨在传播中华五千年优秀传统文化，提高全民文化修养的大型知识读本。该书在深入挖掘和整理中华优秀传统文化成果的同时，结合社会发展，注入了时代精神。书中优美生动的文字、简明通俗的语言、图文并茂的形式，把中国文化中的物态文化、制度文化、行为文化、精神文化等知识要点全面展示给读者。点点滴滴的文化知识仿佛颗颗繁星，组成了灿烂辉煌的中国文化的天穹。

　　希望本书能为弘扬中华五千年优秀传统文化、增强各民族团结、构建社会主义和谐社会尽一份绵薄之力，也坚信我们的中华民族一定能够早日实现伟大复兴！

目录

一、墨家概说

墨家是先秦诸子百家中重要的学派之一，在当时和儒家一起并称为先秦时代的两大"显学"，有"非儒即墨"之说。墨家因创始人是墨翟，世称墨子，故而这一学派被称为墨家学派。

《汉书·艺文志·诸子略》中说："墨家者流，盖出于清庙之守。茅屋采椽，是以贵俭；养三老五更，是以兼爱；选士大射，是以上贤；宗祀严父，是以右鬼；顺

四时而行，是以非命；以孝视天下，是以上同；此其所长也。及蔽者为之，见俭之利，因以非礼，推兼爱之意，而不知别亲疏。"此说墨家出自清庙之守，即巫祝，巫祝是管理庙中事物，演习郊祀或其他祭祀礼仪的人，也有说墨家出于武士。其实，墨家主要来源于社会中、下层手工业者，墨家思想也在一定程度代表了"农与工肆之人"的利益。

《淮南子·要略》载："墨子学儒者之业，受孔子之术"，可见墨家是从儒家分出来的。但墨家的主张和儒家是针锋相对的，儒家主张"爱有差等"，墨家则主张"兼爱"；儒家信"命"，墨家则"非命"；儒家鄙视生产劳动，墨家则强调"不赖其力者不生"；儒家"虚用繁礼"，墨家则俭约节用；儒家严义利之辨，墨家则主张"义，利也"；儒家希求"穷则独善其身，达则兼善天下"，墨家则"摩顶放踵，利天下为之"，如此等等。具体来说，墨家主张"兼爱"，反对儒家从宗法制度出发的亲疏尊卑之分。兼，视人如己；兼爱，即爱人如己，"天下兼相爱"，就可达到"交相利"的目的。政治上主张"尚贤""尚同"和"非攻"，反对世卿世禄制度，反对各国之间以掠夺为目的的不义之战，认为任用官吏要重视才能，打破旧的等级观念，使"官无常贵，而民无终贱"；经济上主张强本节用，要求"节葬""节用"，反对奢华的生活方式以及礼乐制度；思想上提出尊天事鬼，同时又

提出"非命"的主张，强调靠自身的实力从事。

墨家不仅是一个思想学派，还是一个有着严密组织和严格纪律的民间团体，其徒属从事谈辩者，称"墨辩"；从事武侠者，称"墨侠"；领袖称为"巨（钜）子"。按墨家的规定，被派往各国做官的墨者，必须推行墨家的政治主张，行不通时宁可去职。另外，做官的墨者要向团体捐献俸禄，做到"有财相分"。墨家讲究"任侠"，相传"墨子之门多勇士"，而

"墨子服役百八十人，皆可使赴火蹈刃，死不旋踵"（《淮南子·泰族训》），功成不受赏，施恩不图报，说明了墨家理想人格的侠肝义胆。墨家尤重艰苦实践，以自苦励志。"孔席不暖，墨突不黔"，"短褐之衣，藜藿之羹，朝得之，则夕弗得"，"摩顶放踵利天下，为之"（《孟子·尽心上》），"以裘褐为衣，以跂蹻（草鞋）为服，日夜不休，以自苦为极"，生活清苦是墨家的真实写照。墨家纪律严明，相传

"墨者之法，杀人者死，伤人者刑"（《吕氏春秋·去私》）。

墨家代表著作是《墨子》，由墨子的弟子根据授课笔记编撰而成。《汉书·艺文志》记载墨家著作八十六篇：《墨子》七十一篇、《胡非子》三篇、《随巢子》六篇、《我子》一篇、《田俅子》三篇、《尹佚》二篇，墨家著作在六朝以后逐渐流失，仅有《墨子》五十三篇存世。

墨子死后，墨家分裂为三派，有相

里氏之墨，邓陵氏之墨，相夫氏之墨，活动于战国中后期。至战国后期，汇合成二支：一支称为后期墨家，注重认识论、逻辑学、数学、光学、力学等学科的研究，对前期墨家的社会伦理主张多有继承，在认识论、逻辑学和自然科学方面成就颇丰；另一支则转化为秦汉社会的游侠。战国以后，墨家已经衰微。西汉时，由于汉武帝的独尊儒术政策、社会心态的变化以及墨家本身并非人人可达的艰苦训练、严厉规则及高尚思想，墨学渐趋式微，由显学逐渐变为绝学。但是，墨家精神并未失传，汉代以后的侠士是墨家"兼爱"精神的继承者。中国文化中匡扶正义、平等互助的侠义精神，在很大程度上得墨家精神的真传。

墨子

二、墨子其人

　　墨子，生卒年不详，一般认为，墨子生于公元前476年左右，卒于公元前390年左右，也有人考证说墨子大约出生在周敬王四十年（公元前480年）左右，卒于周威烈王六年（公元前420年）左右。墨子名翟，鲁小邾国（今山东省滕州市）人，战国时期著名的思想家、教育家、军事家，也是先秦诸子中唯一的自然科学家。墨子是墨家学派的创始人，并有《墨子》一

书传世，其事迹，分别见于《荀子》《韩非子》《庄子》《吕氏春秋》《淮南子》等书。

《史记·孟子荀卿列传》中说："盖墨翟宋之大夫，善守御，为节用。或曰并孔子时，或曰在其后。"墨子自称是"鄙人"，被人称为"布衣之士"和"贱人"，他"量腹而食，度身而衣"，吃的是"藜藿之羹"，穿的是"短褐之衣"，足蹬"跂蹻"。墨子出身平民，可能是小工业者，精通手工技艺，可与当时的巧匠鲁班相比。据说，他制作守城器械的本领比鲁班还要高明，曾经在楚惠王面前与鲁班互比攻守城池的技术，结果斗败了鲁班。墨子曾做宋国大夫，自诩说"上无君上之事，下无耕农之难"，是一个同情"农与工肆之人"的士人。墨子以"为万民兴利除害"为自己的使命，游说诸侯，谋求制止战争，安定民生。相传墨子曾阻止强大的楚国进攻弱小的宋国，说服鲁阳文君停止攻郑。他"南游使卫"，宣讲"蓄士"以备守御，又屡游楚国，献书楚惠王，后又离开了楚国。墨子晚年来到齐国，企图劝止齐将项子牛讨伐鲁国，但没有成功。

墨子曾经从师于儒者，学习孔子之术，称道尧舜大禹，学习《诗》《书》《春秋》等儒家典籍，但后来逐渐对儒家的烦琐礼乐

感到厌烦，认为儒家"夫繁饰礼乐以淫人，久丧伪哀以谩亲，立命缓贫而高浩居（傲倨），倍（背）本弃事而安怠傲"。墨子最终舍弃了儒学，弃周道而用夏政，创立并形成声势浩大的墨家学派。墨子一生的活动主要表现在两方面，一是广收弟子，积极宣传自己的学说，"从属弥众，弟子弥丰，充满天下"；二是不遗余力地反对兼并战争，"上说诸侯，下说列士"，为"扶危济困"的正义事业而奔波，东汉史学家班固在《答宾戏》中说："孔席不暖，墨突不黔"，又说他"日夜不休，以自苦为极"。可以说，墨子为下层劳动人民争取切身的利益，为解决或减轻他们的贫困和免受压迫之苦而付出了极大的心血。

墨子有十项主张：兼爱、非攻、尚贤、尚同、节用、节葬、非乐、天志、明鬼、非命，其中以"兼爱"为核心，以"尚贤""节用"为基本点。墨子反对儒家的"天命"和"爱有差等"的思想，认为"执有命

是天下之大害"，极力主张"兼相爱、交相利"，不应有亲疏贵贱之别；提出"非乐""节用""节葬"的主张，反对当权贵族的"繁饰礼乐"和奢侈享乐的腐朽生活；提出"尚贤"和"尚同"的观点，主张任人唯贤，反对任人唯亲，认为"官无常贵，民无终贱"；提倡"兴天下之利，除天下之害"的人生理想观。除了政治上的建树和理论上的学说之外，墨子在逻辑学、物理学、光学等领域也有所研究。墨子最早发现了小孔成像原理，而其微分学原理，也比西方要早，因此被西方科学界称为"东方的德谟克利特"。墨子几乎谙熟当时各种兵器、机械和工程建筑的制造技术，并有不少发明创造。在《墨子》一书中的《备城门》《备水》《备穴》《备蛾》《迎敌祠》《杂守》等篇中，他详细地介绍和阐述了城门的悬门结构，城门和城内外各种防御设施的构造，弩、桔槔和各种攻守器械的制造工艺以及水道和地道的构筑技术。

墨子之为人，在当时受到很高的评价。《孟子·尽心上》中说："墨子兼爱，摩顶放踵利天下，为之"，对他"士志于道"十分赞扬。《庄子·天下》中说墨子"好学而博"，并且认为他是个以天下为己任、立志救民于水火之中的大好人，由衷地称赞"墨子真天下之好也，将求之不得也，虽枯槁不舍也，才士也夫"！

三、《墨子》其书

（一）《墨子》简介

　　《墨子》一书是墨子的弟子及其再传弟子对墨子言行的辑录。《墨子》由历代墨者薪尽火传，一再加工整理或集体创作而成，时间跨度从战国初至战国末，即公元前5世纪至公元前3世纪，决不可能成于一人之手，也非成于一时，因而其内容比较复杂。西汉时刘向把《墨子》整理成七十一篇，但六朝以后逐渐流失，现

在所传的《道藏》本共五十三篇，佚十八篇。在佚失的十八篇中，有存目的是《节用》下篇，《节葬》上中篇，《明鬼》上下篇，《非乐》中下篇，《非儒》上中篇，共九篇。另佚失的九篇都是关于守城器械和方法的论述，清代朴学大师孙诒让考证其中六篇的篇目应是《备钩》《备冲》《备堙》《备空洞》《备蛾辐》《备轩车》。

《墨子》内容广博，包括了政治、军事、哲学、伦理、逻辑、科技等方面，是研究墨子及其后学的重要史料。《墨子》分两大部分：一部分是记载墨子言行，阐述墨子思想，主要反映了前期墨家的思想；另一部分《经上》《经下》《经说上》《经说下》《大取》《小取》等六篇，一般被称作《墨辩》或《墨经》，着重阐述墨家的认识论和逻辑思想，还包含许多自然科学如天文学、几何光学和静力学的内容，反映了后期墨家的思想。

据《墨子》可知，墨子思想从小生产者的利益出发，以"兴天下之利，除天下之害"作为衡量一切思想和行为的标准，有十条五类纲领，即《墨子·鲁问》所云："凡入国，必择务而从事焉。国家昏乱，则语之尚贤、尚同；国家贫，则语之节用、节葬；国家熹音湛湎，则语之非乐、非命；国家淫僻无礼，则语之尊天、事鬼；国家务夺侵凌，即语之兼爱、非攻。"其大意

是，统治阶级昏庸腐朽，就需要提拔贤才治国；国家贫困，就要节省资用，杜绝浪费，禁止厚葬；统治阶级淫乱享乐，就要反对音乐酒色，反对迷信天命；统治阶级暴虐无道，就要以天、鬼来加以警示；统治者若穷兵黩武，就要提倡互爱、反对攻伐。这段纲领中，"兼爱"和"非攻"是墨子思想的核心，即通过制止战争，实现人人平等和睦的理想世界；"尚同"是为了统一人的思想行动到"义"的方面来，"尚贤"则是破除世袭特权，提倡"贤人""治政"、反对"暴人""乱政"；"节用""节葬""非乐"则是要制止统治者劳民耗财的无益行为；"尊天""事鬼"则是以神鬼的"赏善罚恶"力量来惩戒统治者，约束他们任意扰民的行为。

墨子提倡质朴和实用，故而《墨子》一书亦是朴实无华，强调有切实的内容，以道理说服人，反对无益于实用的修饰与文采。中国古代严格意义上的论说文，当从《墨子》开始。但《墨子》因"非儒"
而不见容于封建社会,加之部分内容诘
屈聱牙,以致两千多来年,很少有人问
津。直到近代,西方思想和研究方法传
入,墨家在光学、数学、力学等自然科学
的成就得以梳理,《墨子》才日受人们关
注。

(二)《墨子》的内容

按内容划分,《墨子》一书可分五部
分:

第一部分包括《亲士》《修身》《所
染》《法仪》《七患》《辞过》《三辩》,共
七篇,这部分为墨子早期著作,是其关于
道德修养、人格完善、思想方法和社会思
想的论文。梁启超、胡适曾以为"非墨家
言,纯出伪托"(尤其认为前三篇是儒家
学派著作),事实上,墨子早年曾"学儒
者之业,受孔子之术",所以受到儒家影

响并不奇怪。然而，这一部分涉及墨家核心理论"兼爱"的"兼士""兼君"已经提出，主张"君子必辩"也明显地与孔子的态度不同，可以视为墨家已与儒家分野。这部分内容相对比较混杂，如"修身"一词，为儒家之言，《所染》中的"染苍则苍，染黄则黄"疑是出于名家之性说；后四篇多尚贤、尚同、天志、节用、非乐理论，对后面各篇有提纲挈领的作用。

第二部分包括《尚贤》上中下篇、《尚同》上中下篇、《兼爱》上中下篇、《非攻》上中下篇、《节葬》下篇、《天志》上中下篇、《明鬼》下篇、《非乐》上篇、《非命》上中下篇、《非儒》下篇，共二十五篇。除了《非攻》上篇、《非儒》下篇之外，各篇皆有"子墨子曰"四字，可以认为这是墨子门弟所记的墨子之言，系统反映了墨子"尚贤""尚同""兼爱""非攻""节用""节葬""非乐""天志""明鬼""非命"十大命题，是《墨子》一书的主体部分，代表墨家的主要政治思想和主张。每篇的上、中、下篇大同小异，其中上篇比较简略，而中、下篇的论证较为详备，可能是墨家后学由于抄写、传授各有系统而各有所本，也可能是由墨子弟子在不同地点、不同时间听到老师的宣讲之后，再依据自己的理解加以整理而成。

第三部分包括《经》上下篇、《经说》

上下篇、《大取》《小取》篇，共六篇。这部分被治墨者称为《墨辩》，亦称为《墨经》，专说名辩和时间、空间、物质结构、力学、光学、声学、代数、几何等内容，在自然科学理论方面，不仅提出一些自然科学定义性的语言，而且勾画出了堪称之为科学方法的一整套理论（英国著名科学史家李约瑟语）及其显示出的真正科学精神。此六篇难懂难译，古字词较多，辩理深奥，令人费解。前人因其称"经"，定为墨子自著，实为后期墨家作品，是研究墨家逻辑思想和科学技术成就的宝贵资料。

第四部分包括《耕柱》《贵义》《公孟》《鲁问》《公输》，共五篇。这部分体例与《论语》接近，为墨子弟子对墨子的言论行事的记录，内容涉及义礼、治国等多方面内容，是研究墨子事迹的第一手资料。

第五部分包括《备城门》《备高临》

《备梯》《备水》《备突》《备穴》《备蛾
傅》《迎敌祠》《旗帜》《号令》《杂守》,
共十一篇。这部分可以视为墨家军事学
著作,专讲各种守城技术和兵法的,涉及
守城兵员安排、兵器使用、军工器械和
战略攻御等各种战术,是研究墨家军事
的学术史料。墨子提倡"非攻",以守御
为主,十一篇皆以守备之法为主题,故而
这一部分和墨子的"非攻"的思想和止楚
攻宋实行"非攻"的实践相一致。

四、墨家思想

墨家著作仅存《墨子》一书，因此，目前认识墨家思想只能从《墨子》中去探究。《墨子》一书不仅有丰富的哲学、政治思想，而且具有丰富的伦理、逻辑、军事、教育和科学思想。

（一）墨家的哲学思想

墨家在哲学和逻辑学方面的建树，是先秦其他诸子所无法比拟的。墨家的哲学和逻辑思想，在《墨经》中表现得淋漓尽致，特别是在立辞、归类、推理方面可谓是独树一帜。墨家学者非常自负，如《大取》篇说："天下无人，子墨子之言也犹在。"《贵义》篇说："以其言非吾言者，是犹以卵投石也，尽天下之卵，其石犹是也，不可毁也。"

在哲学的贡献上，墨家主要表现在认识论方面。墨家以"耳目之实"的直接感觉经验为认识的唯一来源，认为判断事物的有与无，不能凭个人的臆想，而

是要以大家所看到的和所听到的为依据。《墨子》写道："天下之所以察知有与无之道者，必以众之耳目之实，知有与亡（无）为仪者也。请惑闻之见之，则必以为有；莫闻莫见，则必以为无。"（《明鬼》下篇）墨家认为，人的知识来源可分为三个方面，即闻知、说知和亲知，闻知是传授得来的知识，说知是推论得来的知识，亲知是亲身经历得来的知识。墨家把闻知又分为传闻和亲闻二种，但不管是传闻或亲闻，在墨家看来都不应当是简单的接受，而必须消化并融会贯通，使之成为自己的知识。因此，墨家强调要"循所闻而得其义"，即在听闻、承受之后，加以思索、考察，以别人的知识作为基础，进而继承和发扬。墨家所说的"说知"，包含有推论、考察的意思，指由推论而得到的知识。墨家特别强调"闻所不知若已知，则两知之"，即由已知的知识去推知未知的知识。如已知火是热的，推

知所有的火都是热的；圆可用圆规画出，推知所有的圆都可用圆规度量。由此可见，墨家的闻知和说知不是消极简单的承受，而是蕴涵着积极的进取精神。

除闻知和说知外，墨家非常重视亲知，这也是墨家与先秦其他诸子的一个重大不同之处。墨家所说的亲知，乃是自身亲历所得到的知识。墨家把亲知的过程分为"虑""接""明"三个步骤。"虑"是指人的认识能力所处的求知的状态，即生心动念之始，以心取境，有所求索。
但仅仅思虑却未必能得到知识，譬如张
眼瞪视外物，未必能认识到外物的真相。
因而要"接"知，让眼、耳、鼻、舌、身等
感觉器官去与外物相接触，以感知外物
的外部性质和形状。而"接"知得到的仍
然是很不完全的知识，它所得到的只能是
事物的表观知识，且有些事物，如时间，
是感官所不能感受到的。因此，人由感官
得到的知识还是初步的、不完全的，还必
须把得到的知识加以综合、整理、分析和
推论，方能达到"明"知的境界。总之，
墨家把知识来源的三个方面有机地联系
在一起，在认识论领域中独树一帜。

　　墨家认为，要检验人们的认识正确
与否，必须有一个共同标准，即言"必立
仪"。为此，从朴素唯物主义经验论出
发，墨家提出判断认识正确与否的三个
标准——"三表"。"表"是标志、标准的
意思。在《非命》上篇中说："言必有三

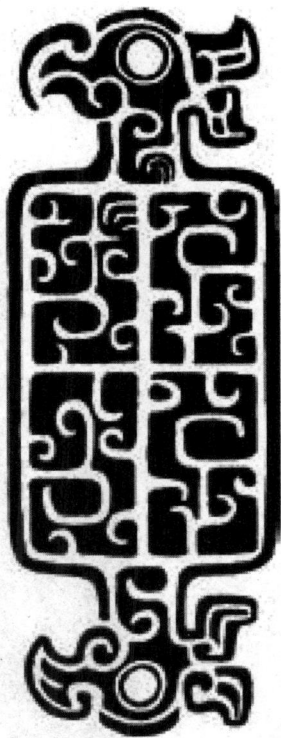

表。何谓三表？子墨子言曰：有本之者，有原之者，有用之者。于何本之？上本之于古者圣王之事。于何原之？下原察百姓耳目之实。于何用之？废（发）以为刑政，观其中国家百姓人民之利。""上本之于古者圣王之事"，即以历史记载中前人的间接经验为依据；"下原察百姓耳目之实"，即以广大群众的直接感觉经验为依据；"废（发）以为刑政，观其中国家百姓人民之利"，即以某种言论主张在实施过程中所产生的社会效果是否

符合国家、人民的利益为依据。墨家把
"事""实""利"综合起来,以间接经
验、直接经验和社会效果为准绳,努力
排除个人的主观成见,将人们的直接经
验和间接经验作为检验认识真理性的标
准,这是有开拓意义的、十分杰出的唯物
主义经验主义的认识论。它是荀子的"符
验"、韩非的"参验"、王充的"效验"等
思想的先驱,对后世产生了重大影响。然
而,墨家的认识论也有很大的局限性,他
忽视理性认识的作用,片面强调感觉经
验的真实性。

(二)墨家的逻辑学思想

墨家逻辑学又被称为辩学,"辩"
的概念是《墨经》中一个重要的范畴。
"辩"字在《墨经》中包含有辩论和思辨
的意思。在《耕柱》篇中,墨子要求"能
谈辩者谈辩",并要求将"辩"作为一

种专门知识来学习。他在反驳别人的观点时常说"子未察吾言之类，未明其故也"，并把"无故从有故"，即没有理由的服从有理由的作为辩论的原则。《墨经》已经明确制定了概念、判断、推理三种基本的逻辑思维形式，并阐明了它们之间的区别和联系，具体论述了概念的本质、划分和作用，说明墨家已经形成了一个由基本概念和范畴所构成，以思维形式和规律为对象、内容的逻辑学体系。

《小取》篇开宗明义就对逻辑学的研究对象、性质、作用作了系统的概括："夫辨者，将以明是非之分，审治乱之纪，明同异之处，察名实之理，处利害，决嫌疑。焉摹略万物之然，论求群言之比。以名举实，以辞抒意，以说出故。"墨家把"辩"学视为"别同异，明是非"的思维法则，认为人们运用思维认识现实，作出的判断无非是"同"或"异"、"是"或"非"。为此，首先就必须建立判别同

异、明是非的法则，以之作为衡量、判断的标准，合者为"是"，不合者为"非"。这种判断是"不可两不可"的，人们运用思维以认识事物，对同一事物作出的判断，或为"是"，或为"非"，二者必居其一，没有第三种可能存在，不可能二者都为"是"，或二者都为"非"，也不可能既"是"又"非"，或既"非"又"是"。由这一思维法则出发，墨家进而建立了一系列的思维方法。

　　墨家用"以名举实，以辞抒意，以说出故"概括地揭示了概念、判断、推理这三种思维的基本形式。墨家所说的"以名举实"的"名"就是概念。"实"就是客观事物及其本质属性。"举"，《经上》篇里说："举，拟实也。告之以名，举彼实故也。""拟"就是模拟、反映。这里明确地指出：概念并不是对事物的直观描述或主观意会，而是一种客观的理性活动结果。通过明确概念的本质特征，墨辩学派就将判断推理建立在坚实的逻辑基础之上。

　　由概念的展开而进行判断就是"以辞抒意"。《墨经》认为，判断来源于客观事物，但主观认识对客观事物的认识是否符合、判断是否真实，还有待于逻辑验证。为此，墨家提出了对判断的要求："名实耦"，即名与实相符。同时《墨经》还对判断应该具备的结构作了说明："所谓，名也，所以谓，实也。"判断的主词表示对象，叫"所谓"，判断谓词说明对象，称作"所以谓"，其所体现的正是判断结构的客观基础。

　　《墨经》论证了"名"与"实"的关系，认为要根据事物的客观实际情况，给予相应的名称。《墨经》对名进行了分类，从外延上把名分为"达""类""私"三种。而从内涵上把概念区分为"以形貌命者"和"不以形貌命者"，前者是指实体概念和具体概念，后者是指属性概念和抽象概念。《墨子》中说："瞽者不

知黑白者，非以其名也，以其取也。……天下之君子不知仁者，非以其名也，亦以其取也。"（《贵义》）这就是说，盲人不知黑白，不是因为他不能说出黑白的名称，而是因为他无法分辨实际的物体哪是黑的、哪是白的。现在天下的君子都会称说"仁"之名，即使禹、汤也无法更改它。但把真正的仁之事和不仁之事放在一起，让天下君子们也无法分辨取舍。所以说，天下的君子不了解仁，不是因为他们不会使用"仁"这个概念，而是因为他们无法取舍仁与不仁之实。这就像盲人不能区别黑与白的颜色，不是因为他们不会说黑白的"名"，而是因为他们不会区别黑和白之"实"一样。因此，墨家认为"名"是根据"实"作出的一种判断，是"实"决定"名"，而不是"名"决定"实"，是客观实际决定意识形态，而不是意识形态决定客观实际，这实质上坚持了唯物主义的名实论。

对于"以说出故"的逻辑推理,《墨经》同样也有非常深刻的研究。《大取》篇曾对此加以概括说:"夫辞以故生,以理长,以类行者也。"在这里"故"是前提和结论之间的必然联系,即充足理由;"理"指推理所呈现的逻辑手段,即推理形式;"类"指个别和一般之间的关系的推理历程,即推理的逻辑方法。在论及"说"(推理)的具体方式时,《墨经》分别提出"止、或、假、效、辟、侔、援、推"等诸种论式,并一一加以具体说明,同时

又对"是而不然""不是而然"等各种推
理中的谬误作了明确的批驳。比如《小
取》篇说:"且出门,非出门也;止且出
门,止出门也。"将要出门并不是就出了
门,阻止人将出门,就是阻止人出门,因
为前后两者"此与彼同类"。如果将"止
且出门"与"非止出门"混为一谈,用后
者代替前者,就会混淆二者的类,从而得
出一个错误的推理。由此可见《墨经》对

逻辑推理的规则是有严格要求的。

综上所述，墨家认为思维的目的是要探求客观事物间的必然联系，以及探求反映这种必然联系的形式，并用"名"（概念）、"辞"（判断）、"说"（推理）表达出来。"以类取，以类予"，相当于现代逻辑学的类比，是一种重要的推理方法。此外，墨家还总结出了假言、直言、选言、演绎、归纳等多种推理方法，从而使墨家的辩学形成为一个有条不紊、系统分明的体系，在古代世界中别树一帜，与古代希腊的逻辑学、古代印度的因明学并立。

由于墨子的倡导和启蒙，墨家养成了重逻辑的传统，并由后期墨家建立了第一个中国古代逻辑学的体系。梁启超肯定了墨家逻辑学思想在世界逻辑史上的重要地位与科学价值，他认为墨家逻辑思想可与古希腊亚里士多德、英国培根与穆勒和印度陈那的学说相比较。胡适

也曾高度评价墨家逻辑的历史成就和学术地位，说《墨经》的作者是"科学和逻辑的墨家"，"在整个中国思想史上，为中国贡献了逻辑方法的最系统的发达学说"。

（三）墨家的政治思想

墨家的政治思想宣传了"兼爱""非攻""尚贤""尚同""节用""节葬""非乐"等主张。其中"兼爱"是墨家的基本核心思想，其他"非攻""节用""节葬""非乐"等主张，都是由此而派生出来的。墨子认为当时社会动乱的原因就在于人们不能兼爱。"兼爱"即人与人之间实行普遍的、无差别的互相友爱，就是"视人之国，若其国；视人之家，若其家；视人之身，若视其身"，使彼此的利益兼而为一。墨子的"兼爱"其实是对儒家"仁"的改造，提倡"无差别的爱社

会上一切人"。从"兼爱"出发,墨子还提出"非攻",反对侵略和掠夺的不义战争;"尚贤",尊重、重用贤人,即"官无常贵,民无终贱;有能则举之,无能则下之";"尚同","选天下之贤可者,立为天子",达成社会的统一;"节用",节约财物,反对贵族的铺张浪费"节葬",反对儒家倡导的厚葬;"非乐",反对当权贵族的"繁饰礼乐"和靡靡之音,认为音乐的盛行妨碍男耕女织;"非命",明确反对儒家的"命定论",认为"执有命是天下之大害"。具体来说,墨家的政治思想主要有以下内容:

1.兼爱

墨家的核心思想是"兼爱"，认为"天下兼相爱则治，交相恶则乱"。"兼"字的本意是一手执二禾，引申为兼顾、兼有等。墨子将"兼"表达为整体、全体之意，"兼爱"即"尽爱""周爱"，包含平等与博爱的意思。墨子要求君臣、父子、兄弟都要在平等的基础上相互友爱，"爱人若爱其身"，并认为社会上出现强劫弱、富侮贫、贵傲贱的现象，是因天下人不相爱所致。墨子把使天下人兼相爱、交相利作为治理天下之乱的方法：因为在他看来爱人、利人乃顺天意。"兼爱"可以使天下富而不贫，治而不乱，可以使君惠、臣忠、父慈、子孝、兄友、弟悌，万民大利。"兼爱"作为平民学派墨家的核心概念，在先秦时代已被其他学者公认为其思想的标志。《庄子·天下》说"墨子泛爱兼爱"，《孟子·滕文公下》也说"墨氏兼爱"，其他如《吕氏春秋·不二》与《尸子·广泽》也都标举"墨子贵兼"。

墨子认为，在当时"强之劫弱，众之暴寡，诈之谋愚，贵之傲贱，富之侮贫"社会现实中，人民最大的问题是"饥者不得食""寒者不得衣""劳者不得息"，他称之为人民的"三患"（《非乐》上篇）。他所说的"人民"，主要是指"小农"而言。他又认为当时"王公大人"的政治要求是"国家之富""人民之众""刑政之治"（《尚贤》上篇），他称之为"三务"

（《节葬》下篇）。墨子一方面要想解决人民的"三患"，一方面又想达到"王公大人"的"三务"，想通过上说下教，在矛盾中找出一条出路，以解决当时社会上统治与被统治阶级间尖锐对立的矛盾。墨子的所有政治思想及其行动，都是为了实现这一点。

墨子认为要解决人民的"三患"，首先大家要"兼相爱，交相利"，有力的要用力助人，有财的要用财分人，有道的要用道教人，这样就可使"饥者得食，寒者

得衣，劳者得息，乱者得治"。墨子明确说："国家务夺侵凌，则语之兼爱非攻。"他分析道："当（尝）察乱何自起，起不相爱。臣子之不孝君父，所谓乱也。……虽父之不慈子，兄之不慈弟，君之不慈臣，此亦天下之所谓乱也。……若使天下兼相爱，爱人若爱其身，犹有不孝者乎？视父、兄与君若其身，恶施不孝，犹有不慈者乎？视弟、子与臣若其身，恶施不慈，……犹有盗贼乎？（故）视人之室若其室，谁窃？视人身若其身，谁贼？……视人家若其家，谁乱？视人国若其国，谁攻？……故天下兼相爱则治，交相恶则乱。"（《兼爱》上篇）

墨子认为天下之"乱"，起于人与人的不相爱，一方面是下层劳动者在艰辛的劳动中不能相互关心，不能以"兼爱"作为艰难物质生活中宝贵的精神慰藉；另一方面则是贵族统治者在穷奢极欲之际仍然在永不满足地攫取，甚至为了这

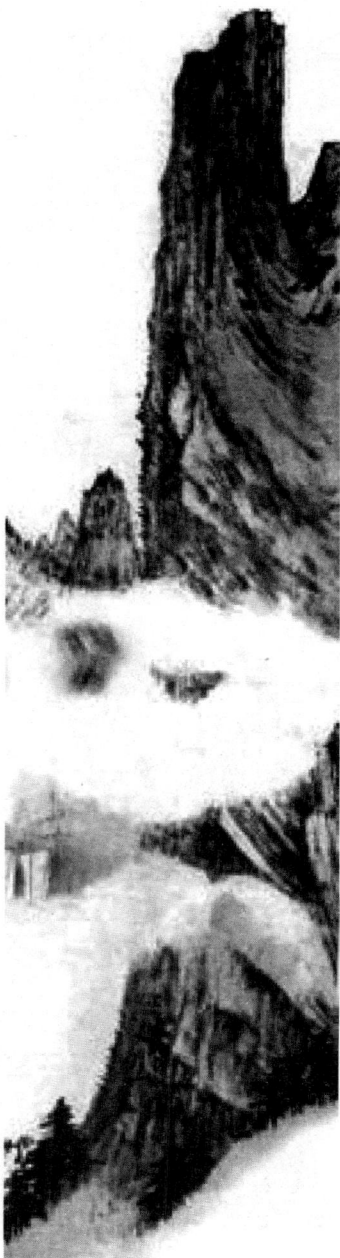

种私欲不惜大规模地征战杀伐，造成天下大乱。墨子明确指出，这正是天下祸乱的根源："今诸侯独知爱其国，不爱人之国，是以不惮举其国以攻人之国。今家主独知爱其家，不爱人之家，是以不惮举其家以篡人之家。今人独知爱其身，不爱人之身，是以不惮举其身以贼人之身。是故诸侯不相爱则必野战，家主不相爱则必相篡，人与人不相爱则必相贼，君臣不相爱则不惠忠，父子不相爱则不慈孝，兄弟不相爱则不和调。……凡天下祸篡怨恨，其所以起者，以不相爱生也。"（《兼爱》中篇）与此相伴，自私自利亦是乱世之因，如"亏父而自利""亏子而自利""亏兄而自利""亏弟而自利""亏君而自利""亏臣而自利""乱异家以利其家""攻异国以利其国"等皆为自私自利之结果。

墨子据此认为，既然"不相爱"而"相贼"是天下祸乱的根源，那么对症的治疗方法当然就应该是反其道而行之：

"视人之国若视其国，视人之家若视其家，视人之身若视其身。是故诸侯相爱则不野战，……父子相爱则慈孝，兄弟相爱则和调。天下之人皆相爱。强不劫弱，众不劫寡，富不侮贫，贵不敖贱，诈不欺愚。凡天下祸篡怨恨可使毋起者，以相爱生也。"墨子认为儒家的"爱有差等"是不对的，因而大力提倡"爱人犹己"。这就是说，要把别人看成自己，把别人的亲人看成自己的亲人；爱自己几分，爱别人也应有几分，爱自己的父母、兄弟、子女几分，爱别人的父母、兄弟、子女也应有几分；一视同仁，人人平等，分毫不差。墨子并不否定自爱，而是把自爱与相爱结合起来，兼爱包含人己双方："爱人不外己，己在所爱之中。"墨子相信这种爱会形成一种良性的互动，"爱人者人必从而爱之，利人者人必从而利之"。假如天下人"兼相爱"，爱人若爱其身，那天下就太

平了，就能实现和谐、富足。所以说，兼爱互利是为治之道，"今天下之士君子，忠实欲天下之富，而恶其贫；欲天下之治，而恶其乱，当兼相爱、交相利。此圣王之法，天下之治道也，不可不务为也"。因此，墨子认为凡符合"禁恶而劝爱"这一宗旨的就是"义"，义是天下的"大器""良宝"，故而要"鼓而进于义"，为此，他不辞劳苦，"摩顶放踵利天下而为之"，并对当时统治者损人利己的行为进行了深刻的谴责。

在墨子看来，"兼爱"不仅在理论上是成立的，而且是圣王早已实行过的："禹之征有苗也，非以求重富贵，干福禄，乐耳目也。以求兴天下之利，除天下之害。即此禹兼也。虽子墨子之所谓兼者，于禹求焉。""文王之兼爱天下之博大也，譬之日月，兼照天下之无有私也。即此文王兼也。虽子墨子之所谓兼者，于文王取法焉。"（《兼爱》下篇）除了本于古圣贤之外，墨子的"兼爱"还有一个更高的理论依据，即本之于"天"。《天志》篇明确指出，"天"是"爱天下之百姓"的，"何以知其兼而爱之？以其兼而有之。何以知其兼而有之？以其兼而食之"。墨子认为，天不仅以阳光雨露滋养万物，而且赏善罚恶，公平无私，所以兼爱就是顺天之意。实际上，这种以天志面目出现的兼爱理论，反映的正是墨子作为平民思想家提出的"民志"。

墨子出身儒家，但终于否定了儒家。墨学的兼爱观与儒家的仁爱观相比，具有全新的意义。墨子认为，儒家"亲亲有术，尊贤有等，言亲疏尊卑之异"，这就是说，儒家的仁爱，有厚薄，有区别，有层次，集中表现在自己的家庭里，家庭里又有亲疏差异，其实最后的标准是看与自己关系的远近，因此核心还是自己。这样的爱，是自私之爱。墨子主张"兼爱"，也就是去除自私之心，爱他人就像爱自己。儒家的仁爱观念源于周礼所规定的"亲亲之杀，尊尊之等"。"亲亲之杀"强调以血缘关系为基础的人与人之间的亲疏关系，"尊尊之等"强调人与人在政治上的上下等级关系，而政治上的尊卑关系又依赖于血缘性的伦理关系。远近亲疏主要考虑血缘关系，贵贱则反映了当时的等级制度，这两者即宗法制的核心。这说明，儒家的仁爱是建立在宗法制度之上为统治阶级服务的等级之爱。而墨子主张"兼以易别",即用兼爱的主张与儒家的别爱划清界限,把人从血缘性的关系中解脱出来,使其获得了社会性存在的意义。在社会关系中,每个人在政治上都是独立的,都是以对等的身份存在着,这里面显然隐含着平等的意识。因此,在墨家看来,在平等的世界中,根本不必为了秩序来敬畏什么上层贵族,而需要敬畏的应是鬼神,鬼神让人们感到冥冥之中有一种督察之力,有一番报应手段,规范"兼爱"秩序。所以,孟子批评墨家说:

"杨氏为我，是无君也；墨氏兼爱，是无父也，无父无君，是禽兽也。……杨墨之道不息，孔子之道不著，是邪说诬民，充塞仁义也。仁义充塞，则率兽食人，人将相食。"在孟子看来，"兼爱"有悖"孝悌"，阻塞"仁义"，是使"孔子之道不著"的主要障碍，是无异于"率兽食人"的一股祸水。然而，墨子不仅反对儒家的伦理道德，而且还对宗法制有怀疑和批判。这是一种相互的人道主义理想，是要求废除宗法制度，打破贵族政治，建立一种平等相爱的理想社会，无疑更具进步和民主意义。

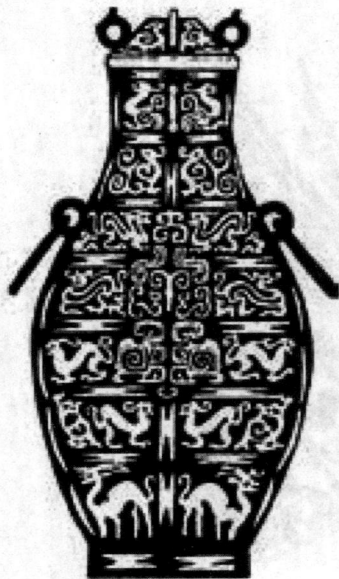

众所周知，墨家的兼爱思想比之儒家的仁爱思想，历史最后选择了儒家，而墨家的兼爱思想只是如昙花一现，转瞬即逝。究其原因，在于墨子的兼爱观念在春秋战国兵荒马乱、民不聊生的背景下，难以付诸实践。这也有悖于人性自私的自然事实，不符合人之常情。在历史还没有

前进到一定程度的情况下，靠节约资源确立分配的优先秩序，靠选举贤明高尚的君主进行统治，违背了历史发展的规律。然而，墨子的兼爱理论，尤其是墨家光辉的实践不仅为中华民族树立了崇高的道德典范，而且显示了人类伟大的精神力量。英国著名历史学家汤因比与日本哲学家池田大作在对话时都高度评价了墨子的兼爱学说，池田大作认为墨子的爱，比孔子的爱更为现代人所需要。汤因比认为：把普遍的爱作为义务的墨子学说，对现代世界来说，更是恰当的主张，因为现代世界在技术上已经统一，但在感情方面还没有统一起来。只有普遍的爱，才是人类拯救自己的唯一希望。

2.尚贤、尚同

墨子主张选拔贤人来管理政治，即"尚贤"。墨子反对贵族的世袭特权，主张"不别贫富、贵贱、远迩、亲疏"，"虽在农与工肆之人，有能则举之"，做到"官无常贵，而民无终贱"，使那些虽

在"农与工肆之人，有能则举之，高予之爵，重予之禄"。墨子认为："今者王公大人为政于国家者，皆欲国家之富，人民之众，刑政之治。然而不得富而得贫，不得众而得寡，不得治而得乱，则是本失其所欲，得其所恶。是其故何也？子墨子言曰：是在王公大人为政于国家者，不能以尚贤事能为政也。是故国有贤良之士众，则国家之治厚；贤良之士寡，则国家之治薄。故大人之务，将在于众贤而已。"这就是说，当今掌握国家政权的王公大人都希望国家富强、人口兴旺、刑法治国。但是，国家不但不富，反而贫穷；人口不但不兴旺，反而寡弱；国家政治不但无序，反而混乱。其原因就在于掌握国家政权的王公大人不能够崇尚和使用有贤能的人治理国家。所以，王公大人的当务之急，也就在于崇尚和使用有贤能的人治理国家。墨子站在"农与工肆之人"的立场，明确提出举贤必须打破世袭制，打破

尊卑血缘的局限，从而在中国政治史与思想史上作出了巨大的突破。

在墨子生活的时代，虽然已经有平民参政的例子，但政治现实的普遍通例仍然是世袭制。这种世袭的贵族政治自然也就产生了许许多多弊病，《尚贤》篇就曾直接批评过"面目姣好"而"无故富贵"的例子。正是针对这种政治弊病，墨子认为任用贤人而不是亲近之人是为政的根本，"得意贤士不可不举，不得意贤士不可不举，尚欲祖述尧、舜、禹、汤之道，将不可以不尚贤。夫尚贤者，政之本也"（《尚贤》）。这就是说，崇尚和使用有贤能的人治理国家是国家政治的根本。得志的国君不可不崇尚和使用有贤能良好的人，不得志的国君更不可不崇尚和使用有贤能的人。国君要遵循尧、舜、禹、汤的治国之道，那就不可不崇尚和使用有贤能的人治理国家。由此墨子举起了古代尚贤的光辉旗帜："官无常贵

而民无终贱"，这个口号集中反映了下层平民参政的要求，具有划时代的意义。

墨家不仅一般地提出了"尚贤"的主张，而且对其可操作性的相应政治权利义务作了明确的规定："古者圣王之为政，列德而尚贤，虽在农与工肆之人，有能则举之，高予之爵，重予之禄，任之以事，断予之令，曰：'爵位不高，则民弗敬；蓄禄不厚，则民不信；政令不断，则民不畏。'举三者授之贤者，非为贤赐也，欲其事之成。"从这种"欲其事之成"的角度出发，墨子还对各级官员的责、权、利作了明确规定："以德就列，以官服事，以劳殿赏。""以德就列"是对官员的道德才能的要求。墨子心目中的贤良之士，就是德行忠厚，道术渊博的德才兼备之人。他认为"贤良之士，厚乎德行，辩乎言谈，博乎道术者乎！此固国家之珍而社稷之佐也"。就是人要富有好的品行，做事要有利于人民，有利于兴利除害，要有很高的

思想水平，能辨析事理，通晓治国的道理和方法。

墨家尚贤使能的用人原则，跟儒家基于血缘关系的"亲亲"用人原则是相对立的。它明确要求职位与才能要相称，而不是看他是否出身"富贵"，出于"公族"。而且越是高位，越需要高的标准，在其位必谋其政，尸位素餐是不行的。"不胜其任而处其位"只能是祸国殃民。"以官服事"则强调权力不仅是一种地位，更是一种责任，而且墨家对"服事"

有相当高的要求："以裘褐为衣，以跂蹻为服"，"以绳墨自矫，而备事之急"，总之是损己利人，尽心尽力为百姓谋利。同时，"以劳殿赏"则力主奖罚分明，反对因人而富、因人而贵，无功受禄。墨家认为如果仅仅因为是"王公大人骨肉之亲"便"无故富贵"，那就只能造成国家之乱。

"尚同"是要求百姓与天子皆上同于天志，上下一心，实行义政。墨子主张选举天下最贤的人立为天子，"选择天下贤圣和辩慧之人，立为天子，使从事一同天下之义"，挨次选为三公、国君、卿、宰（将军、大夫）、乡长、里长等，所有的臣民都得绝对服从统治，从天子以下，一层层地有绝对的统治权，即"凡国之万民，上同乎天子，……天子之所是，必亦是之；天子之所非，必亦非之"。墨子认为"尚同"是行政管理之根本，只要为政者对人民"疾爱而使之，致信而持之，富贵以道其前，明罚以率其后"，举措适宜，

就一定能统一全国上下的思想，实现民富国治。

墨子所主张的"尚同"，是为了统一奉行天赋的"法仪"。在他看来，当时"为君者众而仁者寡，若法其君，此法不仁也"。只有天子是选举出来的天下最贤的仁人，才能"同一天下之义"而把天下治理好。天子的行为是否合于天下之义，必须据其是否尚同于天。这就阻断了最高统治者自行又自断其政的可能性。"夫既尚同于天子，而未尚同乎天者，则天灾将犹未止也。故当若夫寒热不节，雪霜雨露不时，五谷不熟，六畜不遂，疾灾戾疫，飘风苦雨，荐臻而至者，此天之降罚也，将以罚下之人之不尚同于天者也。"如果只能尚同于天子，而不能尚同于天，就会遭到天的青黄不接、疾病和灾难泛滥等惩罚。这个学说，在春秋战国之际诸侯割据的局面下，起了巩固封建国家的作用。这种民上同于天子，天子上同于天的逐层上同的思想，也是墨子的宗教思想的表现，对后来的"天人感应"之说有一定影响。

3.节用、节葬

节用，是指天子要节约民力，人民要勤俭持家，提倡节俭，反对奢侈。墨子认为当时各国的统治者都不注意节俭，天下的财富差不多有一半被浪费掉了，如果能"去其无用之费"，天下之财就可以增加一倍。他指出，当时的王公贵族在衣

服、饮食、宫室、舟车、丧葬诸方面都存在着严重的浪费现象。比如，穿衣本来是为了"适身体，和肌肤"，而王公贵族却一味追求豪华，"非为身体，皆为观好"，千方百计地置办"锦绣文彩靡曼之衣"，"铸金以为钩，珠玉以为佩"，"殚财劳力"，"毕归之于无用"；一顿饭往往要摆上几十个乃至上百个大盘小碗，布满一丈见方的桌面，"目不能遍视，手不能遍操，口不能遍味"；住房本来是为了避潮湿，御风寒，"足以别男女之礼"，而王公贵族们则大造宫室，"台榭曲直之望，青黄刻镂之饰"，极尽豪华；交通工具，本来只要"全固坚利"，足以"任重致远"就可以了，但王公贵族却纷纷"饰车以文彩，饰舟以刻镂"，征发大量的男女劳力，使得男不能耕稼，女不能纺织，导致百姓"饥寒并至"。所有这些都是"厚作敛于百姓，暴夺民衣食之财"。

墨子认为，"富贵者奢侈，孤寡者冻

馁，虽欲不乱，不可得也"。贵族富豪穷
奢极欲，必然厚敛于百姓，使百姓陷于
饥寒，导致天下大乱。他主张，衣服只
要"冬以圉（御）寒，夏以圉暑"即可，饮
食、舟车、房舍等凡是生活所需的东西均
应以实用为宜。墨子说："费财劳力，不加
利者，不为也。"又说："用财不费，民德
不劳。"（《节用》上篇）

墨子还主张节葬薄葬，认为厚葬有
弊无利，害莫大焉。墨子对当时的统治者
在丧葬方面大讲排场也十分不满，他说：
"今王公大人有丧"，"棺椁必重，葬埋
必厚，衣衾必多，丘垅必巨"，"诸侯死
者，虚车库，然后金玉珠玑比乎身"，"车
马藏乎圹，又必多为屋幕，鼎鼓几梴壶
滥，弋剑羽旄齿革，寝而埋之"，"送死若
徙"，将死者生前奢侈生活所需之物全部
埋入地下，好像大搬家一样，而且要求子
女亲人长期守丧，短则数月，长则数年。
墨子认为这种"厚葬久丧"的所谓礼制

不仅浪费社会财富，而且使男女隔离，影响生育，只能给社会造成大量浪费，使得"国家必贫，人民必寡，刑政必乱"。因此他主张革除这种陈俗旧礼，树立节用的风尚。墨子认为厚养薄葬，才是真正的孝道，凡是仁义、孝子之人都应该尽心尽力使天下人贫穷的富有，寡少的众多，危险的安定，混乱的治理，因此四者是天下国家的大利。因此，墨子主张不分贵贱，一律用三寸厚的木板做棺材，不要殉葬的物品，反对三年之久的丧制，反对在丧葬期间"强不食而为饥，薄衣而为寒"弄到身体瘦弱，"扶而能起，杖而能行"这种毁坏身体的繁重仪式。此外，墨子强烈反对贵族的杀人殉葬制度，反对"天子杀殉，众者数百，寡者数十；将军大夫杀殉，众者数十，寡者数人"（《节葬》下篇）；还强烈反对通过战争掠夺人民为奴隶，指出当时大国攻伐"无罪之国"，在战场上杀人，并把俘虏作为"仆""围""胥

靡""舂""酋"(各种奴隶名称)是"不
仁义"的(《天志》下篇)。

墨子还提出了增加财富和增加人口
的方案。墨子重视劳动生产,认为人类和
动物不同,人类必须从事耕织才能取得
衣食之财,提出"赖其力者生,不赖其力
者不生"的原则。不赖其力而生活,在墨
子看来是不应该的,"不与其劳而获其
实"是犯罪的,"亏人愈多,不义愈甚"。
墨子还肯定劳动生产创造财富,说农夫
"强乎耕稼树艺,多聚菽粟",因为"彼

以为强必富，不强必贫"。为了求得"人民之众"，墨子还主张"节畜私"（限制养很多的宫女）、"尚早婚"，主张男子20岁娶妻，女子15岁出嫁，也是为了"使各从事其所能"。

墨子在"节用"和"节葬"的主张中，对当时社会现实进行揭露和批判，要求统治者和被统治者的生活水平一律平等，这种主张自然是对广大人民有利的。虽然未被任何诸侯所采纳，但是客观上模糊了等级制度的界限，缩短了贵族世卿和劳动者之间的差距，是具有进步意义的。

4.非乐、非命

墨子主张"非乐"，认为动人的音乐虽然好听，但不能解决广大人民最迫切的生活问题，听音乐不能当饭吃，不能当衣穿，所以应当反对。他说："民有三患：饥者不得食，寒者不得衣，劳者

不得息，三者民之巨患也。然即当为之撞巨钟、击鸣鼓、弹琴瑟、吹竽笙而扬干戚，民衣食之财将安可得乎？"（《非乐》上篇）

墨子指出了王公大人欣赏音乐的害处，认为为了奏音乐，需动用万名演员表演，这些人年轻美貌，"食必粱肉，衣必文彩"，平常"不从事乎衣食之财"，而是手执盾牌、长矛、斧钺，跳武士舞，唱靡靡之音，并不能给社会增加半点财富。墨子进一步尖锐地指出："上不厌其乐，下不堪其苦"乃是危害天下的巨大祸患。他指出：王公大人喜听音乐，就会不理朝政，致使国家昏乱；士君子喜听音乐，就不能尽大臣的职责；农夫好听音乐，则不能早出暮归，好好耕作，致使菽粟不足；妇女好听音乐，则不能夙兴夜寐，勤于纺织，致使布帛短缺。所以，"今天下士君子，请将欲求兴天下之利，除天下之害，当在乐之为物，将不可不禁而止也"。

墨子为了减轻小生产者和劳动者的负担，对王公大人的腐朽享乐生活提出抗议，是完全可以理解的。但墨子未把批评的矛头指向王公贵族利用音乐艺术加重了人民的负担上面，而是责怪音乐艺术本身，这就本末倒置了。这种观点是片面的。荀子曾说过："墨子蔽于用而不知文"，确实说中了墨子的片面性。

墨子还提出"非命"的主张，主张积极发挥人类自身的能力，不要坐等命运的支配。"非命"说也反对儒家所宣称的

"死生有命，富贵在天"的命定论。墨子认为一个人富贵贫贱不是天生的，而是由于努力或不努力的结果；国家的治乱，不是命定的，而是君主努力或不努力的结果。墨子指出，占卜之士"命富则富，命贫则贫；命众则众，命寡则寡；命治则治，命乱则乱；命寿则寿，命夭则夭"的说法是错误的。

墨子认为国家的兴亡、个人的富贵贫贱不完全是命运的安非，而主要是靠主观的努力。墨子说："昔桀之所乱，汤治之；纣之所乱，武王治之。当此之时，世不渝而民不易，上变政而民改俗。存乎桀、纣而天下乱，存乎汤、武而天下治。天下之治也，汤、武之力也；天下之乱也，桀、纣之罪也。若以此观之，夫安危治乱存乎上之为政也，则夫岂可谓有命哉？"（《非命》下篇）在这里，墨子提出统治者的主观努力对天下的治乱起着决定作用，给那些命定论者以沉重打击。同样，

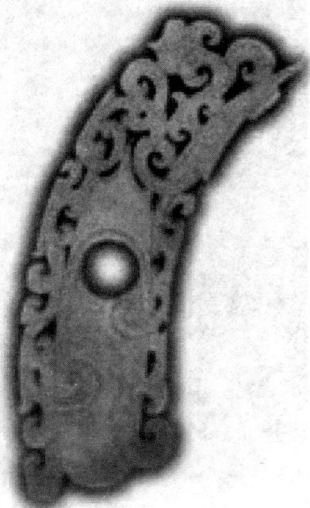

个人的富贵贫贱也系于每一个人的努力与否："强（努力）必治，不强必乱；强必宁，不强必危，……强必贵，不强必贱；强必荣，不强必辱，故不敢怠倦。……强必富，不强必贫；强必饱，不强必饥，……为强必富，不强必贫；强必暖，不强必寒，故不敢怠倦。"（《非命》下篇）墨子将劳动称为"从事"，认为只有"强从事"，才能财用足；"不强从事，则财用不足"。所谓"强从事"，即尽最大的努力，积极进行生产劳动，"农夫早出暮入，强乎耕稼树艺，多聚菽粟"；农妇"夙兴夜寐，强乎纺绩织纴，多治麻丝葛绪"；百工则要积极"修舟车为器皿"；商人则要"之四方"，不怕"关梁之难，盗贼之危"，只有大家强力从事各自的事业，国家才能富强，人民才能幸福。墨家的"非命"思想表达了古代劳动者力图摆脱传统天命思想束缚的愿望。

5.天志、明鬼

墨子在反对"天命"的同时，又主张顺从"天志"。墨子把"天"看做是有意志的，是宇宙的主宰，但是他所说的天的意志，是经过他的改造，来为他的学说服务的。墨子认为，天的意志是"兼爱"的，主张"有力相营，有道相教，有财相分"的，反对"强之暴寡，诈之谋愚，贵之傲贱"的（《天志》中篇），因此他所说的"天志"，实质上是墨子所代表的那个学派的意志。他鼓吹："顺天意者，兼相爱，交相利，必得赏；反天意者，别相恶，

交相贼，必得罚。"（《天志》上篇）他还说："天子为善，天能赏之；天子为暴，天能罚之。"（《天志》中篇）他是想借助这种宗教思想，说服当时的统治者实施他的学说。墨子还希望"人之有力相营，有道相教，有财相分也"。这样做的结果就是"刑政治，万民和，国家富，财用足，百姓皆得暖衣饱食，便宁无忧"（《天志》中篇）。

墨子还坚信鬼神其有，尤其认为鬼神对于人间君主或贵族会赏善罚暴。墨子认为鬼神专惩那些"吏治官府之不（正直）廉，男女之为无别者，鬼神见之；民之为淫暴寇乱盗贼，以兵刃毒药水火迋（迎接）无罪人乎道路，夺人车马衣裘以自利者，有鬼神见之"（《明鬼》下篇）。鬼神的赏罚，在墨子看来，鬼神并不是专对那些小民的，鬼神对于那些有权有势的人也不例外。墨子说："鬼神之罚，不可为富贵众强、勇力强武、坚甲利兵，鬼神之罚必胜

之。若以为不然，昔者夏王桀贵为天子，富有天下，上诟天侮鬼，下殃傲天下之万民，……故于此乎，天乃使汤至明罚焉。"（《明鬼》下篇）墨家提倡的"明鬼"不是盲目地崇拜鬼神，而是相信一种善恶的报应，这与"天志"的主张相连接，若违反天的意志，如大攻小，众欺寡，诈欺愚，壮夺老等所有违反道德的事，都会受到鬼神的惩罚。墨子宗教哲学中这种天赋人权与制约君主的思想，是墨子思想中的一大亮点。

（四）墨家的军事思想

在墨家整个思想体系中，军事思想占有重要位置。墨家极力反对侵略战争和兼并战争，力主并实践防御，即用防御战争反对侵略战争，实现"武装和平"。

1.非攻

"非攻"是墨子"兼爱"思想的引申

与扩大。墨子认为，古者万国，绝大多数在攻战中消亡殆尽，只有极少数国家幸存。这就好比医生医了上万人，仅仅有几人痊愈，这个医生不配被称之为良医，战争同样不是治病良方。因此，墨子主张，以德义服天下，以兼爱来消弭祸乱。如果"天下之人皆相爱"，就应该"强不执弱，众不劫寡"，大国就不应对小国进行征伐。

墨子生活的时代，正是春秋战国时

期，争霸战争接连不断，大国争相拓土开疆，掠夺兼并，战争频仍。《春秋》所记载的242年间，就发生了300多次战争，结果灭者30，迁者10，弑君36，亡国52。墨子看到，国与国之间的互相攻伐，特别是"好战大国"进行掠夺战争，给劳动人民带来了巨大的灾难。其一是贻误农时，破坏生产，"春则废民耕稼树艺，秋则废民获敛"，使"百姓饥饿而死者，不可胜数"。其二是耗费巨大，"今尝计军出：竹箭、羽旄、幄幕、甲盾、拨劫，往而靡弊腑冷不反者，不可胜数。又与矛、戟、戈、剑、乘车，其列住碎折靡弊而不反者，不可胜数"。其三是"非其所有而取"，是"亏人自利"的强盗行径。窃入桃李，抢人犬豕鸡豚、牛马，杀人越货者，"谓之不义"，攻小国，"入其沟境，刈其庄稼，斩其树木"，"窃一国一都"，比偷盗可恶千百倍，更是"不与其劳就其实，以非其所有而取"的不义行为，自然应该反

对和制止。其四是残害无辜，掠民为奴，"民之格者，则径杀之。不格者，则系操而归。丈夫以为仆、圉、胥、靡，妇人以为舂、酋"（仆、圉、胥、靡、舂、酋是指做不同工作的奴隶）。其五是"国家失卒，百姓易务"，国家丧失了劳动力，人民不能从事本业。当时土地较多，人民稀少，而每次战争都是"大兵如市，人死如林"，墨子认为这是"杀所不足""争所有余"的愚蠢行为，不断进行这种攻伐战争，"此实天下之巨害也"。

墨子进一步从法的角度指出了战争的不义："杀一人，谓之不义，必有一死罪矣。若以此说往，杀十人，十重不义，必有十死罪矣。杀百人，百重不义，必有百死罪矣。当此天下之君子，皆知而非之，谓之不义。今至大为不义攻国，则不知非，从而誉之，谓之义。"这就根本颠倒了是非黑白。而那些"好攻伐之君，不知此为不仁不义"，反而打着为天下兴义的旗号，自称"文、武之为正者"，实际上却是干着"以水火、毒药、兵刃以相贼害"的罪恶勾当，这正是"天下之大害"。

墨子并不是天真的理想主义者，他不是一概地反对一切战争。墨子以是否兼爱为准绳，把战争严格区分为"诛"（诛无道）和"攻"（攻无罪），即正义与非正义两类。"兼爱天下之百姓"的战争，如禹攻三苗、商汤伐桀、武王伐纣，是上中（符合）天之利、中中鬼之利、下中人之利的，因而有天命指示，有鬼神的帮助，是正义战争。反之，大攻下，强凌弱，众暴寡，"兼恶天下之百姓"的战争，是非正义的。墨子主张非攻，支持防守、诛讨的正义之战，反对当时的"大则攻小也，强则侮弱也，众则贼寡也，诈则欺愚也，贵则傲贱也，富则骄贫也"的掠夺性战争。为了避免战争，维护和平，墨子还以"兼爱"为根据，提出了一个"七不"准则，即"大不攻小也，强不侮弱也，众不贼寡

也，诈不欺愚也，贵不傲贱也，富不骄贫也，壮不夺老也"。 墨家还主张受侵略的弱小国家不应该束手待毙，而应该全民动员奋起反抗。

2.救守

为了制止战争，实现非攻，墨子提出了"救守"的主张，认为有备无患，忘战必危，"备者，国之重也"，其中主要包括三方面的内容："食者，国之宝也，兵者，国之爪也，城者，所以自守也。此三者，国之具也。"（《七患》）一个国家只有做到"入守则固,出诛则强",才能立于不败之地,有效地保卫人民的生命财产。为此,墨子及其弟子精心研究守御之法,以积极防御制止以大攻小的侵略战争。这些研究防御作战的论述,集中在《备城门》以下十一篇,形成了一个以城池防守为核心的防御理论体系,在我国的军事史上作出了独特的贡献。

由于墨子把国家防御看做是关系到国家安危祸福的战略问题,墨子倡导积极准备,力争做到有备无患。"故仓无备粟,不可以待凶饥;库无备兵,虽有义不能征无义;城廓不备全,不可以自守;必无备虑,不可以应卒。"即仓中无存粮,就不能防备凶年饥荒;库中无武器,即使是自己有义也不能去讨伐无义;内外城池若修得不完备,就不能自卫;思想上没有戒备,就不能应付突发的变故。只有在战前进行后勤、城防、军备、外交、内政等物质和精神上诸方面的充分准备,才能造

成守城防御战斗中的有利条件和主动地位,赢得防御作战的胜利。

墨家的"守围城之法"相当广泛、具体,涉及到城防建筑、兵力配置、战术策略、守城器具、机械技术的应用等多方面内容,并提出了一整套防御作战战术原则。《备城门》等篇,墨子通过禽滑厘的询问,针对临(筑土山居高临下攻城)、钩(以钩索搭墙爬上攻城)、冲(以冲车攻城)、梯(置云梯登城攻击)、湮(填塞护城河攻城)、水(放水淹城)、穴(挖坑道入城)、突(偷袭和突击)、空洞(在城墙上挖洞)、蚁附(组成密集队伍轮番爬城攻击)、辒輼(采用生牛皮防护的攻城装备)、轩车(使用登高攻城的楼车)等12种攻城方法的不同特点,提出了一整套具有针对性的防御措施和方法,并详细解说守城器械的制作方法、使用技巧等。不过,墨子认为,器械、战术等只是守城的充分条件,要做好防御,守城将领还要取

得国君的信任。"且守者虽善，而君不用之，则犹若不可以守也。若君用之守者，又必能乎守者，不能而君用之，则犹若不可以守也。然则守者必善而君尊用之，然后可以守也。"同时，官吏和民众必须相互和睦，"凡守围城之法，厚以高，壕池深以广，楼撕修，守备缮利，薪食足以支三月以上，人众以选，吏民和，大臣有功劳于上者多，主信以义，万灵乐之无穷。不然，父母坟墓在焉；不然，山林草泽之饶足利；不然，地形之难攻而易守也；不然，则有深怨于迁而有大力于上；不然，则赏明可信而罚严足畏已"。具备以上条件，民众就不会怀疑君主，这样城池才可以守住。

在《备城门》《备蚁附》《备水》《备穴》《备蛾》《迎敌祠》《杂守》等篇中，墨子还详细介绍和阐述了城门的悬门结构、城门和城内外

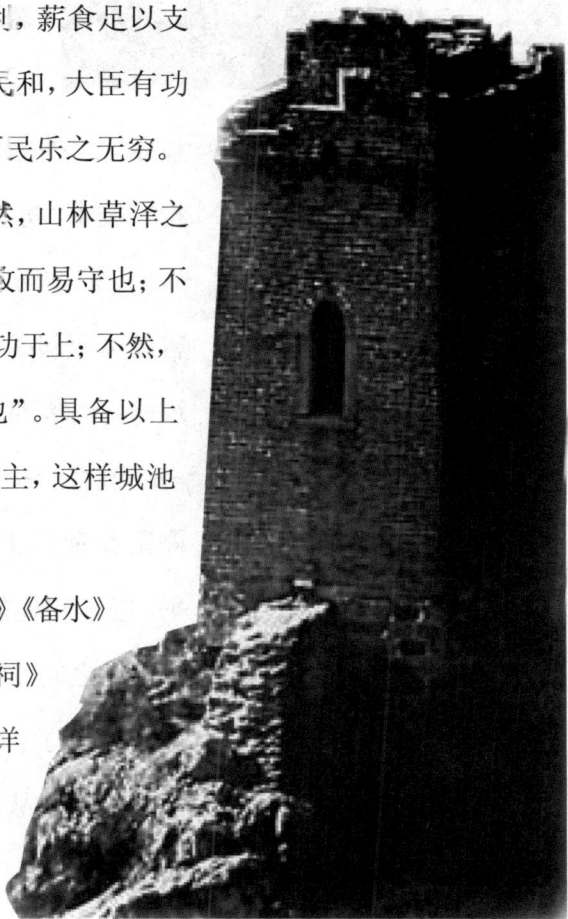

各种防御设施的构造，如城头报警措施、壕池设防、活动吊桥、城门防守等；各种攻守器械的制造工艺，如连弩之车、掷车、转射机、冲车、云梯、钩梯、渠答、蓝获、藉幕、朝戈、火炬等，几乎涵盖了所有的冷兵器时代的攻守技术。此外，还高度重视水道和地道的构筑技术，将所守的城池，进城的道路、城门、护城河、城墙、城楼、地穴道等要害部位全部武装起来，形成空中、桥梁、道路、水面、地下立体全方位防御体系。

值得一提的是，墨家的救守并不只停留在理论上，为了制止战争、保卫和平，墨子和他的弟子们奔走于即将开战的国家之间，积极参与各种守城机械、设施的设计与建造，并不惜冒着生命危险去亲自说服攻战的诸侯，止楚攻宋就是生动的例子。

（五）墨家的科学思想

墨家的科学思想主要体现在墨家后学所著的《墨经》中，即《经》上下篇、《经说》上下篇、《大取》篇和《小取》篇。《墨经》是一部内容丰富、结构严谨的科学著作。书中不仅涉及到认识论、逻辑学、经济学等社会科学范畴的广阔内容，还包含有时间、空间、物质结构、力学、光学和几何学等自然科学方面的多种知识，其中有些问题阐述严密，说理透彻，立论准确，具有十分重要的科学价值。

1.科学思想

（1）关于物质构成和运动的学说

墨家认为，宇宙间的万物是由人体器官所能感觉到的不可分割的物质粒子构成的，物质粒子根据不同的组织结合方式组成世界上各式各样的物体。他们把物质粒子叫做"端"，说："端，是无间也。"（《经说》下篇），"无间"就是说不可再分割。《经》下篇说："非半，弗斫则不动，说在端。"斫，斫断、分割的意思。"非半，弗斫则不动"，是说"端"是最小的物质粒子，没有内部结构，已不是两个半部所构成，有着"非半"的特性，因此不可能再分割（"弗斫"），所以不可能加以分裂变动。墨家认为万物由物质粒子经过"有间"（有空隙的组织结合）、"盈"（相互充满的组织结合）、"撄"（相接触连结的组织结合）、"仳"（不规则的组织结合）、"次"（有秩序的组织结合）五种不同的组织结合方式而构成，其中最重要的组织结合方式是"盈"，即相互充满的组织结合方式，可以由此累积起来构成有厚度的体积。不过这种假设只是直接观察的感性认识，缺乏可靠的科学依据。

同时，墨家认为宇宙又是一个连续的整体，整体又是由个体所构成，整体与个体之间有着必然的有机联系。从这一连续的宇宙观出发，墨家进而建立了关

于时空的理论。他们把空间称为"宇"，把时间称为"久"（即"宙"），即"久"为包括古今旦暮的一切时间，"宇"为包括东西南北中的一切空间，时间和空间都是连续不间断的。《经》上篇说："久，弥异时也。宇，弥异所也。穷，或（域）有前不容尺也。……尽，莫不然也。"《经说》上篇解释道："久：古今旦莫（暮）。宇：东西家南北。穷，或不容尺，有穷；莫不容尺，无穷也。尽：俱止动。"这就是说，时空既是有穷的，又是无穷的。对于整体来说，时空是无穷的，而对于部分来说，时空则是有穷的。

墨家认为"久"是由物质的运动而形成的，并把物质的运动分为"化"（本质未变而外表已变）、"损"（一部分物质从整体分离了去）、"益"（另外有物质附加到原来的物体上去）、"儇"（循环旋转的运动方式）、"库"（在一个空间内物体的更换）、"动"（一件物体所处的空间移动）六种方式。《经》上篇说："始，当时也。……化，征易也。……损，偏去也。……儇（环），俱柢。库 易也。动，或（域）徙也。止，以（已）久也。必，不已也。"

墨家对运动和静止下了定义，"始"是运动的开始，"止"是运动的停止，"以久"是说停留一些时刻，认为停止是指一个运动中的物体在某一位置上停留一些时刻。"必"是说坚持不停，"不已"是不停止，认为不停止是指一个运动的长期坚持不停。墨家认为，时间和物质运动不可分割，没有时间先后和位置远近的变化，也就无所谓运动，离开时空的单纯运动是不存在的。这种看法具有朴素的辩证观点。

（2）数学思想

在数学方面，《墨经》提出了一些几何学的定义，这些命题和定义都具有高度的抽象性和严密性。例如《墨经》中记

载"平,同高也",说的是平的定义,指出高低相同就是平;"直,相参也",这里参就是三,三点共一线就是直,这是直线的定义;"同长,以正相尽也",就是说两个物体的长度相互比较,正好一一对应,完全相等;"中,同长也",说的是形体的对称中心的定义,也就是物体的中心为与物体表面距离都相等的点。

特别指出的是,墨家还对圆作出过正确定义:"圆,一中同长也。"这与近代数学中圆的定义,即"对中心一点等距离的点的轨迹"是完全一致的。以上种种，表示我国在战国时期就已经产生了理论几何学的萌芽。此外，墨家还对十进位值制进行了论述。

（3）物理学思想

墨家关于物理学的研究涉及到力学、光学、声学等分支，给出了不少物理学概念的定义，并有不少重大的发现，总结出了一些重要的物理学定理。

墨家给出了力的定义，说："力，刑（形）之所以奋也。"（《墨经》上篇）也就是说，力是使物体运动的原因，即使物体运动的作用叫做力。墨家还提出了机械运动的正确定义："动，域徙也。"意思是说：机械运动的本质是物体位置的移动，这与现代机械运动的定义完全一致。墨家还对浮力进行了探索，"刑（形）之大，其沉浅也，说在衡"。意思是说，形体大的物体，在水中沉下的部分浅，是因为物体重量被水的浮力平衡的缘故。墨

家学派掌握杠杆原理比阿基米德早了两个世纪。墨家指出，称重物时秤杆之所以会平衡，原因是"本"短"标"长。用现代的科学语言来说，"本"即为重臂，"标"即为力臂，写成力学公式就是力×力臂（"标"）=重×重臂（"本"）。

在光学史上，墨家是首次进行光学实验，并对几何光学进行系统研究的科学家。《经说》下篇记载过墨家后学的光学实验："景光之人煦若射，下者之入也高，高者之入也下。足蔽下光，故成影于上。首蔽上光，故成影于下。在远近、有端，映于光，故影库内也。"这段记载的是中国科学史上第一次对小孔成像原理的光学实验：在一个黑暗的小屋（"库"即窟，指黑暗的房屋或暗屏）墙上开一个小孔，一个人站在屋外，在阳光照射下，屋内便在相对应的墙上出现一个倒立的人影。这是由于光线穿过小孔像射箭一样（光之入煦若射），是直线传播的。但

人的足部遮住下面来的光，成影却在上面（"足蔽下光，故成影于上"），人的头部遮住上面射来的光，影子却在下边（"首蔽上光，故成影于下"）。这样便构成了倒影。这是我国对光沿直线传播的第一次科学解释。

特别可贵的是，墨子对平面镜、凹面镜、凸面镜等进行了相当系统的研究，得出了几何光学的一系列基本原理。《墨经》上说："在远近有端与于光，故景瘴内也。"在《墨经》中"景"就是"影"，

"内"就是"纳",也就是聚集在一点的意思。在《墨经》中常称焦点为"正"或"内"。这是关于光在透镜或在凹面镜之前会聚焦的理论的记载。《墨经》还记载了墨家已经知道凹面镜成倒实像的现象,《墨经》上说:"临镜而立,景到。"意思是说,物体经过凹面镜的反射,所成的影像是倒的。

据《备穴》篇中记述,在当时人们为防御敌人攻城,设计了一种地下声源探测装置,其工作原理为:沿城墙根儿每隔一定距离挖一口井,大约两尺深,然后在井下放置一个容量为七八十升的陶瓮,瓮口蒙上皮革,作为地下共鸣箱,让听觉灵敏的人伏在瓮口仔细听,以监知敌方是否在挖地道,地道挖于何方,而做好御敌的准备。这使用的就是"共振"原理,蕴涵丰富的科学内涵。

2.评价

墨家的科学思想以及科学技术活

动，并非有意为之，其出发点和落脚点都是要为施展和实现其政治抱负、道德理想服务的，科学技术研究并不是他们的人生目的，而是服务于其各项社会政治主张的，只是他们追求"兼爱""尚贤""非攻"的大同社会的一种手段。然而，理性的科学思辨使墨家从实践上升到理论，归纳出一系列的科学概念，提炼出有一定严密性的经验公式和科学命题，概括地反映出某一方面规律的一般原理，从而在科学上形成了科学方法的一套完整的理论。

清末著名学者俞樾说："近世西学中，光学、重学，或言皆出于墨子，然则其备梯、备突、备穴诸法，或即泰西机器之权舆乎。" 英国科学技术史家李约瑟高度评价了墨家的科技理论的成就："完全信赖人类理性的墨家，明确地奠定了在亚洲可以成为自然科学的基本概念的东西"，"它的具体细节并不十分重要，更

重要的是这样一个广泛的事实：即它们勾画出了堪称之为科学方法的一套完整的理论。"总之，《墨经》在古典哲学和自然科学著作中是一部不可多得的珍品，代表着战国时期中华科学发展的一个最高峰，是我国科学发展史上的一座里程碑。

（六）墨家的教育思想

教育家蔡元培先生曾说："先秦唯墨子颇治科学。"墨子是继孔子之后广招门

徒、大办教育并有卓越成就的教育家，墨子以锲而不舍的精神倡而之学，传道设教，门生弟子遍及天下，其教育思想很有特色。今天，墨子的教育思想，尤其是在自然科学知识的传授和劳动技能的训练方面，对当代教育发展具有很大的借鉴意义。

1.教育的目的

墨子对他当时生活的现实极为不满，他认为社会上普遍存在的贫富差异是根本不合理的，强凌弱、众劫寡、富侮贫、贵傲贱、诈欺愚等普遍现象都是违背正义原则的。为了改变这种不合理的现状，"兴天下之利，除天下之害"，必须从多方面入手，而教育就是一个重要的手段。因此墨子主张"有力者疾以助人，有财者勉以分人，有道者劝以教人"（《尚贤》篇），以此建立一个人人平等、互助兼爱的理想社会。由这一思想出发，墨子提出了教育的目标：培养理想的人——

"兼士"。

"兼士"又称为"贤士",是墨子理想社会的中坚力量。墨子认为,兼士、兼君为天下人所取,且先圣六王亲行之,而兼爱可行。"兼士"是与"别士"相对的。"别士"在墨家看来是天下的大害,他们的行为是"交相恶",而不是"兼相爱",这种人的处事准则是:"吾岂能为吾友之身,若为吾身;为吾友之亲,若为吾亲。是故退睹其友,饥即不食,寒即不衣,疾病不侍养,死丧不埋葬。"总之是只顾自己,不顾他人,甚至是损人利己。而"兼士"则与他们完全相反:这样的人以"为天下兴利除害"为己任,"必为其友之身若为其身,为其友之亲若为其亲",不分彼此、亲疏、贵贱,都能做到"饥即食之,寒即衣之,疾病侍养之,死丧葬埋之"。而在必要时能够毫不犹豫地损己以利人,"为身之所恶,成人之所急"。

墨子认为,作为"兼士",必须"厚乎

德行，辩乎言谈，博乎道术"。墨子对德行尤为重视，以《修身》专篇进行讨论，提出了对"兼士"道德训练的全面要求："志不强者智不达，言不信者行不果。据财不能以分人者，不足与友；守道不笃、遍（通"辨"）物不博、辩是非不察者，不足与游。本不固者末必几，雄不修者其后必惰。原浊者流不清，行不信者名必耗。名不徒生，而誉不自长。功成名遂，名誉不可虚假，反之身者也。务言而缓行，虽辩必不听；多力而伐功，虽劳必不图。慧者心辩而不繁说，多力而不伐功，此以名誉扬天下。"总之，一个兼士在任何情况下都应该恪守道义，"贫则见廉，富则见义，生则见爱，死则见哀"。

2.教学理论

（1）注重实践

墨子告诫弟子要身体力行，认为"士虽有学，而行为本焉"，"政者，口言之，身必行之"。又说："本不固者末必几，雄

而不修者其后必惰"，认为即使是一个意志比较强的人，也要不断地加强锻炼。否则，他也会产生惰性，使意志衰退。因此，墨子以身作则，带领弟子日夜奔走，以解天下倒悬之苦，其弟子如禽滑厘也进行过意志锻炼："禽滑厘子事子墨子三年，手足胼胝，面目黧黑，役身给使，不敢问欲。"

在教学过程中，墨子更加注重实践。墨子重视培养懂军事科技的人才，创造性地把在军事实践中获得的知识与科技经验融入到教学体系之中，增加了许多与军事实践相结合的教学内容。另外，墨子还在科学研究活动中引入了实验环节，以帮助学生更好地理解所学到的知识，以上可以从《备城门》《备蚁附》《备水》《备穴》等篇和《墨经》中看出。现代学者胡适说："墨家论知识，注重经验，注重推论。看墨辩中论光学和理学的诸条，可见墨家学者真能做许多实地试验。这是真正科学的精神，是墨学的贡献。"

（2）因材施教

墨子依据弟子不同资质和将来从事的不同工作而教以不同的学习方法。他教弟子"能谈辩者谈辩，能说书者说书，能从事者从事"，"谈辩者"以游说诸侯、出仕为官为教学内容，墨子教之"揣曲直"，即强调弟子分析和感悟能力的提高，以培养将来在面对纷纭复杂的政治形势时处理各类棘手问题。"说书者"即"思虑徇通"之人，可以推行墨家学说，授课时墨子十分强调让他们向文献典籍学习，《贵义》篇载："古之圣王，欲传其道于后世，是故书之竹帛，镂之金石，传遗后世子孙，欲后世子孙法之也。今闻先王之遗而不为，是废先王之传也。""从事者"指从事工匠技艺或守城保卫等体力劳动的弟子，他们皆出身于下层，先前没有从学的身份资格和习惯，故而墨子劝他们学习时说："吾族人无学者"，在授

课时，授以"为方以矩，为圆以规，平以水，直以绳，正以县"五种技艺和"射"等军事技艺。值得一提的是，墨子教育的内容非常广泛，具体可分为：天文、地理、德育、游说、外交、逻辑、政治、经济、伦理、法制、自然科学、农业、工业、商业、应用技术、军事工程、兵器、射箭、体育、军事训练等方面，师者博学，为因材施教提供了可能。

（七）重视环境对教育的影响

墨子强调社会的政治、经济、文化等大环境对于人的影响和作用。他说："故时年岁善，则民仁且良；时年岁凶，则民吝且恶。"也就是说，人生于乱世与盛世，会影响到人的思想观念、道德品质和心理品质。墨子把人的本性比作"素丝"，"染于苍则苍，染于黄则黄，所入者变，其色亦变。五入必，而已则为五色矣。故染不可不慎也。非独染丝然也，国亦有染。……非独国有染也，士亦有染"。墨子认为社会上那些作乱的恶人并非天生就是坏的，而是沾染了坏习气的结果："夏桀染于干辛、推哆，殷纣染于崇侯、恶来，厉王染于厉公长父、荣夷终，幽王染于傅公夷、蔡公谷。此四王者所染不当，故国残身死，为天下戮。"在墨子看来，先天的人性就像待染的"素丝"一样，有什么样的环境与教育，就能造就什么样的人。

五、墨家与侠

墨家与侠之关系，源远流长，有解不开的缘。春秋战国时期，尚武、养士之风盛行。历史上著名的孟尝君、平原君、信陵君、春申君等人府中食客数千，其实，食客就是所谓的"士"。士分文士和剑士。文士即谋士，剑士即武士。先秦之侠，是较为纯粹的武士；墨家亦以武士团体为基本组织方式，墨子本人及禽滑厘、孟胜、田襄子等人，都曾是集团的首领，称为

"巨子"。墨家门徒有义务对巨子绝对服从，《庄子》载："以巨子为圣人，皆愿为之尸。"巨子由上代巨子指定产生，代代相传，其相承制度的理论基础是墨子的尚贤思想，墨家巨子孟胜以身殉义前说："我将属巨子于宋之田襄子，田襄子贤者也，何患墨者之绝世也！"说明在墨家内部是以举贤继任的方法来解决墨家领袖的继承问题的。

墨子是第一代巨子，他以自己的品格、道德力量和领袖地位对墨家弟子具有很大的约束力和威慑力。墨家的部众，被外派的弟子离开所在诸侯国时要回集团报告，从而得到许可，成员从事各种活动的收入和外派为官弟子的收入都要上缴集团，由墨子（墨子死后由巨子）统一掌握，统筹使用，而"墨子服役者百八十人，皆可使赴火蹈刃，死不旋踵"（《淮南子·泰族训》）。由此可见，墨家的团体，与游侠形式中的山寨、帮派等团体之侠相似；而墨家思想中的"兼相爱，自苦以为义"、仗义而为，赖力自强以及"兴天下之利，除天下之害"等内容与侠义精神也是相通的。随着墨家学说的急速消失，墨家学派一部分人也成为隐匿民间的"游侠"，墨家的许多思想方法和行为方式，都在游侠的天地里绵延不绝地延续了下来。

（一）墨家行动与侠

墨家的所作所为与侠义精神是相通的，止楚攻宋是墨家对"义"做得最好的诠释。墨家拥有精英的救援团队，在遇到霸权的侵凌跋扈时，他们以实际行动救助弱小者。《墨子·公输》篇记载，楚惠王年间，公输盘帮楚国造云梯准备攻打宋国。墨子听到这一消息，从齐国起程，日夜不停，历经十天，奔走千里，裂裳裹足，赶到楚国见公输盘和楚王，阻止其攻宋。墨子先与公输盘论辩，以兼爱非攻之理折服公输盘，再见楚王阐述兼爱非攻之说。楚王不听，墨子就让公输盘为攻，自己为守，演示战争。公输盘用九种方式攻城，都被墨子瓦解，公输盘用完全部攻城机械，而墨子的守城器械却乃有余。

公输盘欲杀墨子以绝其患，但墨子有备无患，告知楚三和公输盘，自己的弟子禽滑厘等三百人已持自己制造的守城器械，在宋城上严阵以待。这样，楚王才被迫放弃攻宋的企图。当时楚是大国，宋是小国，可以想象，楚国如果攻打宋的话，宋肯定会遭受灭国之灾，肯定是生灵涂炭，血流千里。墨子以一己之力，直言说楚，不但体现他胆识过人，而且还表现了他为了大义而不顾个人生死的英雄气概。这种为国为民的精神正是任侠精神的体现。

墨子之后，墨家巨子孟胜信诺守义

死守楚国阳城君的封地，也是墨者侠义
思想的体现。战国著名军事家、改革家吴
起在楚悼王时改革，《韩非子·和氏》说，
他"使封君之子孙三世而收爵禄，绝灭
百吏之禄秩，损不急之枝官，以奉选练之
士"，受到贵族的嫉恨。楚悼王去世后，
之前妒恨吴起的众大臣群起作乱要杀吴
起，最后吴起故意伏在楚悼王遗体上，被
弓箭射杀，但有些箭也因此射中楚悼王的
遗体。楚国有法律，毁坏王尸是大罪，罪
连三族。楚肃王即位后，他要杀光"射吴
起并中王尸者"，阳城君也是其中之一。
阳城君闻讯出逃，而孟胜作为阳城君的
好友，受托守城。孟胜无法守护其属地，
认为必须一死，否则将来恐怕没人会信
任墨者。他派两个人把巨子之位传给宋国
的田襄子，以免墨者绝世。然后殉朋友之
义，同时赴死的墨家子弟约有180人。传
信之人转告田襄子后，又要折返楚国与
孟胜共同赴死，田襄子以刚接任的巨子

地位命令二人留下，但失败。可见，墨家救危济困、轻命重气、勇于牺牲的品格，与奋不顾身、舍生取义的侠的行为和作风是一脉相承的。

（二）墨家思想与侠

墨家与侠在思想上的联系，同样也十分紧密。墨家主张"兼爱"和"非攻"，即主张平等地爱众生而反对不义之战，"兼爱"包含着平等待人和消除暴力的努力，包含着对强凌弱、众暴寡的指责，包含着"以杀止杀"的"非攻"主张。墨家门人以"兴天下之大利，除天下之大害"为己任，走的是平时节用节俭、参与劳动、储备能力、反对暴政和不义之战并慷慨赴死的"千里独行不归路"。以"兼爱"这种团体的共识为基础，墨子极力宣扬兼爱学说，认为天下的每个人都应该同等地、无差别地爱别的一切人。这和侠

的朋友义气及其扩而大之的路见不平的侠义品质颇为相似，"兼爱"正是游侠职业道德的逻辑的延伸。这种道德，就是在侠者的团体内"有福同享，有祸同当"。

同时，墨子主张："有力者疾以助人，有财者勉以分人，有道者劝以教人。若此则饥者得食，寒者得衣，乱者得治。"（《尚贤》）墨家具有这种悲天悯地之心和爱百姓、爱众生、爱万物的思想，并愿意为之"赴汤蹈火、死不旋踵"。这与司马迁所说的游侠"赴士之厄困"及扶弱济贫、见义勇为、吃苦耐劳的侠义精神是相符的。而墨子所说的"言必信，行必果，使言行之合，犹合符节也"（《兼爱》）的有诺必承、言而有信的行为、人格与《史记·游侠列传》中"其言必信，其行必果，已诺必诚"的侠义之风也是如出一辙的。

总而言之，墨家提倡的"兼爱""非攻"等思想，与倡导平等、博爱、热爱和

平、敢于斗争、除暴安良、果敢自信、铁肩担道义的武侠精神实质有着深刻而广泛的内在联系。然而，墨家与侠还是具有相异之处的，如墨家生活简朴，组织严密，纪律严明，而侠的生活自由潇洒，倜傥豪爽；墨家是政治学术流派，有完整的社会政治系统观，而侠多是个体行为，讲义勇之气，鲜涉政治；墨家主张"非攻"，为弱小者而战，长于守御，而侠本质好斗，好声誉，重名节，等等。

六、墨家及墨学的流变

（一）墨家后派的发展

墨学是战国时代诸子中的显学，受到当时社会的广泛支持和响应。墨子创学之初，弟子随之者如云，与儒家争辩，不在其之下，成为较有实力的学术团体。墨学的宏扬，使许多人加入墨学队伍，据《吕氏春秋·尊师篇》记载："孔墨徒属弥众，弟子弥丰，充满天下。"《淮南子·道应训》篇说："孔丘、墨翟，无地而

为君，无官而为长，天下丈夫女子，莫不延颈举踵而愿安利之者。"这种评价，反映了当时墨学的显赫地位。

墨子教授弟子时，让学生"能谈辩者谈辩，能说书者说书，能从事者从事"，因而形成了墨子弟子中"谈辩""说书""从事"三大派别。墨子死后，墨家学派发生了分化。《韩非子·显学》说："自墨子之死也，有相里氏之墨，有相夫氏之墨，有邓陵氏之墨。"《庄子·天下》也论述道："相里勤之弟子五侯之徒，南方之墨者苦获、己齿、邓陵子之属，俱诵墨经，而倍谲不同，相谓别墨。"相里氏西近于秦，是为西方之墨，多为"从事"之徒；"五侯之徒"当在伍子胥之后。居齐，为东方之墨，多授徒讲学之人；邓陵子等无疑是南方之墨，重于谈辩。

　　东方之墨的活动区域大致在宋、鲁、齐，这里是墨学的诞生地，鲁国"有周公遗风，俗好儒，备于礼，故其民……地小人众，俭啬，畏罪远邪"；"宋地……其民犹有先王遗风，重厚多君子，好稼穑，恶衣食，以致蓄藏"；而齐国"俗宽缓阔达，而足智，好议论，地重，难动摇"，"其士多好经术，矜功名，舒缓阔达而足智"。在如此之风影响下，加之齐国倡导学术自由，重实践、主节用的墨学自然根深蒂固，东方之墨者直接受承墨子衣钵，讲学布道，基本保持了墨家学派形成时墨子的所有主张，代表人物有田鸠（亦即田襄子）、五侯等。

三派之中,当属西方之墨最盛。西方之墨的活动区域大致在秦统治地区,秦为图霸业,广纳人才,墨家之徒也争相到秦国来。秦惠文王时,墨家巨子居秦,墨学中心已转入秦国。墨学思想体系中尚同、尚贤、节用和非儒等思想符合秦人轻宗法、重实利的功利主义价值观,这成为墨学流行秦国的思想基础。另外,秦国屡受北方少数民族的侵扰,墨者擅长城防技术,他们的军事才能和牺牲精神自然会得到秦统治阶层的垂青。

墨子晚年游楚,卒于楚之鲁阳(今河南鲁山),楚是墨子最后的活动中心,南方之墨者由是兴盛,代表人物苦获、己齿、邓陵子都是楚人。从《庄子·天下篇》看,南方之墨者俱诵《墨经》,《墨经》又称《墨辩》,盖多为名辩之士。"辩"

是南方之墨的特征，《墨经》是其经典。

《韩非子·显学》中说墨家后学各派"取舍相反不同，而皆自谓真墨"，而称别派为"别墨"。墨家后学各派虽有师承关系，各派主张有交叉、有融合，但各地墨者各立派系，各事活动，各求所用，认为自己是墨家正统而视政见不同者为异端。

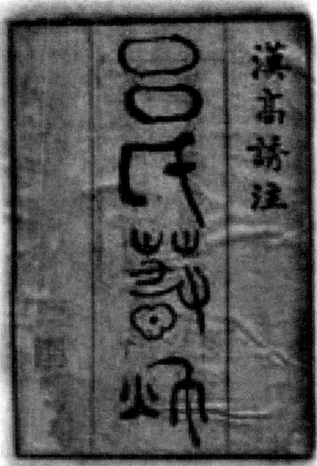

（二）墨家及墨学的衰微和承传

秦人焚书，子学不传；汉初复学，儒家独尊。秦始皇统一中国后，起初试图实现秦文化与诸子百家学术文化的兼容，对吕不韦肇创《吕氏春秋》精神加以继承，然而后来又焚书坑儒，实行文化专制主义政策，使各家学术受到严重摧残，墨家自然也不能幸免。墨家重视纪律和组织，甚至具备军事功能（防御守城），这样的组织必然不见容于统一之后的秦帝国。《庄

子·天下》评墨子谓"其道大觳","反天下之心,天下不堪。墨子虽独能任,奈天下何"！ 东汉哲学家王充也认为墨学"虽得愚民之欲,不合知者之心"。同时,墨家"非攻""节用""节葬"等主张,自然不利于秦之征战四方、威仪天下,加之秦始皇好大喜功,奢靡无度,更不会节用、节葬,正如王充所说:"儒道传而墨法废者,儒之道义可为,而墨之法议难从也。何以验之?墨家薄葬右鬼,道乖相反。"墨家主张不合时宜,也就难逃被焚之命运了。

自汉朝起,"视墨同儒"的学术观念流行,妨碍了墨学的研究和流传。儒墨学说虽有诸多相异点,但亦有诸多相似点。《淮南子·主术训》中说:"孔墨皆修先圣之术,通六艺之论",道出了汉人儒墨同源的认识,更何况墨子也确曾"学儒者之教,受孔子之术",《墨子》书中的《修身》《亲士》《所染》三篇讲的都是儒家言论。由此可知，尽管战国以儒墨相非，但两学派因有着共同的思想渊源和基础，所以秦汉以后墨家思想在一定程度上被儒学吸收，在儒家受推崇的当时，无疑越来越丧失其独立性和识别性。至汉武帝罢黜百家，墨家完全被打入政治冷宫，逐渐式微，几乎息绝，在长达数千年的封建社会，墨学一直处于湮没无闻的状态。

直到近代，以晚清倡寻"经世致用"之实学为契机，"墨学比附西学"的观念

冲击了传统的儒家观念，为近代西方科学文化的传播找到了来自传统的依据，墨学研究特别是《墨辩》研究大兴。现代，墨学受到进步思想家与民主革命派的青睐（如梁启超、章太炎、鲁迅、胡适、《民报》），治墨学者，络绎不绝，似有墨学复兴之势。究其缘由，是因为墨学蕴藏着民粹主义与平等博爱的思想因子，如墨家"强必富，不强必贫；……强必宁，不强必危"的生存观，"人无长幼贵贱皆天之臣""官无常贵，民无终贱"的平等思想。

当下，墨学研究重新启动与深化，取得了突飞猛进的发展。墨家思想在当下仍具有极大的影响与意义，如墨家的"兼爱"思想，要求人们平等互爱，互相援助，体现了提倡平等的民主思想；墨家提出"非攻"，反对互相侵伐，树立起了和平主义的旗帜；墨家的"尚贤"思想，提出"不党父兄，不偏富贵，不嬖颜色"

的用人之道，不仅树立了正确的道德价值取向和人才观，而且对于激励人们加强自我修身、力争成为贤者有积极作用；墨家的"节用""节葬"思想，崇尚廉洁为公和艰苦奋斗，于今而言，依然具有针对性，更值得我们提倡。而墨家在力学、光学、几何学等自然科学方面的贡献，代表了所处时代最高的科学认识水平，更值得今人去研究。墨学作为中国传统文化最有价值的成分之一，未来必定将以其自身独有的永恒价值和普世价值放射出更加夺目的光辉。